BEI GRIN MACHT SICH IHR
WISSEN BEZAHLT

- Wir veröffentlichen Ihre Hausarbeit,
  Bachelor- und Masterarbeit

- Ihr eigenes eBook und Buch -
  weltweit in allen wichtigen Shops

- Verdienen Sie an jedem Verkauf

Jetzt bei www.GRIN.com hochladen
und kostenlos publizieren

Bibliografische Information der Deutschen Nationalbibliothek:

Die Deutsche Bibliothek verzeichnet diese Publikation in der Deutschen National-
bibliografie; detaillierte bibliografische Daten sind im Internet über http://dnb.d-
nb.de/ abrufbar.

Dieses Werk sowie alle darin enthaltenen einzelnen Beiträge und Abbildungen
sind urheberrechtlich geschützt. Jede Verwertung, die nicht ausdrücklich vom
Urheberrechtsschutz zugelassen ist, bedarf der vorherigen Zustimmung des Verla-
ges. Das gilt insbesondere für Vervielfältigungen, Bearbeitungen, Übersetzungen,
Mikroverfilmungen, Auswertungen durch Datenbanken und für die Einspeicherung
und Verarbeitung in elektronische Systeme. Alle Rechte, auch die des auszugsweisen
Nachdrucks, der fotomechanischen Wiedergabe (einschließlich Mikrokopie) sowie
der Auswertung durch Datenbanken oder ähnliche Einrichtungen, vorbehalten.

Impressum:

Copyright © 2017 GRIN Verlag, Open Publishing GmbH
Druck und Bindung: Books on Demand GmbH, Norderstedt Germany
ISBN: 9783668597976

Dieses Buch bei GRIN:

https://www.grin.com/document/384877

Nathalie Serban

Connected Car. Ein Design Thinking Prozess zum Auto der Zukunft

GRIN Verlag

GRIN - Your knowledge has value

Der GRIN Verlag publiziert seit 1998 wissenschaftliche Arbeiten von Studenten, Hochschullehrern und anderen Akademikern als eBook und gedrucktes Buch. Die Verlagswebsite www.grin.com ist die ideale Plattform zur Veröffentlichung von Hausarbeiten, Abschlussarbeiten, wissenschaftlichen Aufsätzen, Dissertationen und Fachbüchern.

Besuchen Sie uns im Internet:

http://www.grin.com/

http://www.facebook.com/grincom

http://www.twitter.com/grin_com

Studiengang: Wirtschaftsinformatik & E-Business

Projektarbeit

Connected Car:
Ein Design Thinking Prozess zum Auto
der Zukunft

<u>Verfasst von:</u>   Nathalie Serban

Abgabedatum: 14.06.2017
Bearbeitungszeit: Zwei Monate

Inhaltsverzeichnis

Abbildungsverzeichnis

1   Einleitung

1.1   Problemstellung

Dynamische Märkte fordern unterschiedlichen Ansätzen, um einen nachhaltigen Mehrwert am Markt zu generieren. In der sich fortdauernd digitalisierenden Welt, stellt IT der Treiber für die neuen Geschäftsmodelle, Dienstleistungen und Produkte dar.

Auch in der Automobilbranche erkennt man die zunehmende Auswirkung der IT-Technologien. Bislang haben sich alle Automarken durch Motorenleistung, den Antrieb oder das Design differenziert, wobei der Kunde seine Kaufentscheidung nach Auswahl dieser Kriterien getroffen hat. Seit gar nicht langer Zeit gibt es jedoch ein weiteres wichtiges Kaufmerkmal: Die Ausstattung des Autos mit moderner Informationstechnologie. Vor allem die jüngere Generation legt Wert darauf, auch während der Autofahrt auf die nützlichen Funktionen ihres Smartphones zuzugreifen, um beispielsweise Emails oder SMS direkt unterwegs beantworten, per Google Maps navigieren sowie persönliche Musikinhalte aufrufen und abspielen zu können. Gleichzeitig soll sichergestellt sein, dass die Aufmerksamkeit auf die Straße gerichtet bleibt. Werden sich diese Funktionen zum Großteil bei den Autoherstellern etablieren, steigt die Gefahr, aus Käufersicht nicht mehr attraktiv genug zu sein und rapide an Marktanteilen zu verlieren, falls man als Autohersteller diese Funktionen nicht bieten kann. In einer Umfrage von 2015 erkennt man, dass die Bereitschaft der Kunden, den Hersteller zu wechseln unter dem Entscheidungskriterium „Vernetzung im Auto" im Vergleich zum Jahr 2014 erheblich gestiegen ist (siehe Abbildung 1).

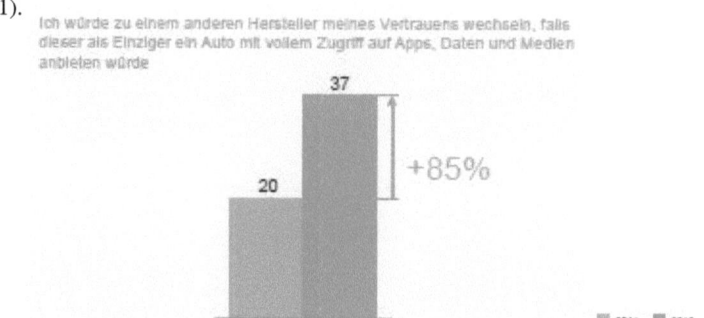

Abbildung 1: Wechselbereitschaft der Kunden nach Kriterium „Vernetzung des Autos" (Quelle: McKinsey Connectivity and Autonomous Driving Consumer Surveys 2014 und 2015[1])

---

[1] Die Daten sind aus einer repräsentativen Befragung unter insgesamt 3.184 Kunden (Deutschland (1.123 Kunden), USA (1.051 Kunden), China (1.010 Kunden), die kürzlich ein Auto gekauft haben.

Nathalie Serban

Um neue Techniken zu etablieren kann eine frühe Einbindung der Kunden in den Innovationsprozess ein zentraler Schlüssel zum Erfolg sein. Dadurch werden Bedürfnisse und Wünsche als auch Vorbehalte und Barrieren berücksichtigt und das frühzeitig zu einem kostengünstigen Zeitpunkt im Entwicklungsprozess.

Eine mensch-zentrierte Innovationsmethode stellt der Ansatz von Design Thinking dar. Design Thinking legt den Fokus auf Menschen bzw. Kunden und nutzt hierfür die eigene Kombination aus Methoden, Denkansätzen und Haltungen. Diese Kombination fußt auf der Profession des klassischen Designs, wobei Design Thinking sich über den Diskurs auf Managementebene weiterentwickelt hat. Der Ansatz von Design Thinking kann für die Entwicklung in der Automobilbranche genutzt werden, um die Auswirkungen der Digitalisierung auf die Bedürfnisse des Kunden zu eruieren und mögliche Lösungsansätze zu generieren.

1.2 Ziel dieser Arbeit

Das Ziel dieser Arbeit ist es, einen Ideenvorschlag für das vernetzte Auto zu entwickeln. Um dieses Ziel zu erreichen, wird die Kreativitätstechnik Design Thinking verwendet, bei der primär die Kundenbedürfnisse für die Ideengenerierung herangezogen werden. Zu Beginn werden die Begrifflichkeiten Connected Car und Design Thinking erläutert. Es werden die allgemeine Vorgehensweise und wichtige Komponenten bei einem Design Thinking Prozess beschrieben und genannt.

Die grundlegende Fragestellung dieser Arbeit sind die Möglichkeiten der Vernetzung des Autos, die im Einklang mit den Kundenwünschen stehen, zu erörtern. Dabei werden Trends und allgemeine Veränderungen des Nutzerverhalten durch die Digitalisierung zu Rate gezogen. Es wird anhand eines idealtypischen Kunden die momentane restaurative Ausstattung im Auto ermessen. Anschließend wird mit einer adäquaten Kreativtechnik Ideen- und Lösungsvorschläge zu den momentanen Problemen gesammelt. Zum Schluss wird das Ergebnis, der Alltag des idealtypischen Kunden mit dem Connected Car, dargestellt.

2   Connected Car

Durch die stetig ansteigenden Möglichkeiten der digitalen Medien, gewinnt das Thema „Vernetzung" im Alltag und im Geschäftsumfeld immer mehr an Bedeutung. Im alltäglichen Umfeld finden sich diverse Beispiele für die Vernetzung unterschiedlicher Medien: Der Computer liefert Videos, das Smartphone empfängt E-Mails und steuert die Heizung und das Licht im Haus. Dem „Internet der Dinge"[2] und dem Trend zur stärkeren Vernetzung kann sich auch das Auto als zentraler Bestandteil des Alltags vieler Menschen nicht entziehen. Die Ausstattung des Autos beim Ottonormalverbraucher besitzt aber vergleichbar mit anderen Bereichen des Alltags noch wenig Konnektivität. Zwar finden sich hier viele Computer und automatisierte Prozesse, diese sind aber in der Regel isolierte Systeme, welche kaum mit anderen Systemen außerhalb des Autos interagieren.

2.1   Begriffserläuterung

Das Konzept „vernetztes Auto" beschreibt ein mit Kommunikationstechnologie ausgestattetes Auto, welches einen direkten Datenaustausch zwischen Fahrzeug und Außenwelt ermöglicht. Für diesen Austausch ist kein mobiles Gerät mehr erforderlich.[3] Besitzt ein Auto also die Fähigkeit zur internen oder externen Vernetzung ist dies die entscheidende Eigenschaft, die es zu einem Connected Car machen.[4] Dafür ist notwendig, dass das Auto über eine Internetverbindung verfügt.[5] Wenn das Auto bspw. mit einer SIM-Karte ausgestattet ist oder eine Verbindung mit dem Smartphone hergestellt werden kann, ist ein Teil der Systeme des Autos mit anderen Systemen vernetzt. Da die neuen Funktionen des vernetzten Fahrzeugs nicht mehr nur auf Elektrik oder Elektronik basiert, sondern auch auf IT, spricht man im Fachjargon auch von „Car IT"[6]. Dieser Begriff beschreibt neben den neuen Funktionen im Auto zusätzlich weitergehende IT-Leistungen und die dazu notwendigen IT-Systeme, welcher der Kunde nicht direkt sieht.

2.2   Kooperation von Automobilhersteller und Mobilfunkbetreiber

Um die Vernetzung des Autos mit anderen Systemen möglich zu machen, wird eine mobile Datenverbindung im Fahrzeug benötigt. Mobilfunkbetreiber und IT-Dienstleister

---

[2] Der Begriff bezeichnet bezeichnet die Vernetzung von Gegenständen mit dem Internet, damit diese Gegenstände selbstständig über das Internet kommunizieren und so verschiedene Aufgaben für den Besitzer erledigen können. (Quelle: Lackes, R. (2017)

[3] Vgl. McKinsey & Company (2015), S. 13

[4] Vgl. Pageflow (2017)

[5] Vgl. Proff, H. (2015), S.146

[6] Vgl. Johanning V., Mildner R. (2015), S.2

Nathalie Serban

werden damit unmittelbare, neue Partner der Automobilbranche. Führt man einen Vergleich der beiden Branchen durch, erkennt man, dass diese einen völlig unterschiedlichen Hintergrund haben und verschiedene Strategien anstreben.

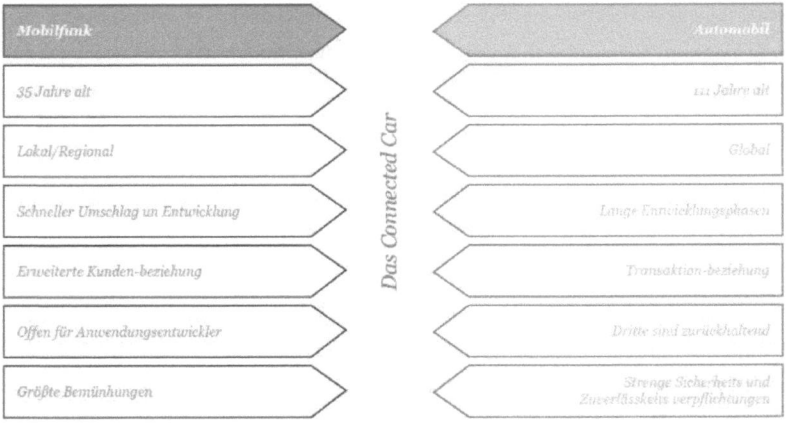

Abbildung 2: Vergleich Mobilfunk- und Automobilbranche (Quelle: Telefonica Report Connected Car (2013), S. 10)

In Abbildung 2 stehen sich die beiden Branchen für einen direkten Vergleich gegenüber. Dabei ist vor allem das Thema Entwicklungsphasen für die Symbiose der beiden Branchen näher zu betrachten. Für die im Vergleich zur Automobilbranche noch junge Mobilfunkbranche sind die Entwicklungsphasen der Produktupdates sehr kurz. Der Kunde ist es gewohnt, alle ein bis zwei Jahre ein neues Produkt mit erweitertem Leistungsspektrum auf dem Markt zu finden, wohingegen ein Auto ca. 6-7 Jahre[7] mit signifikantem Update zu kaufen ist. Ein Neuwagen ist heute noch zum großen Teil nicht mit updatefähigen Infotainmentgeräten ausgerüstet; ein Update ist maximal per CD möglich, deren Installation und Verwendung häufig nur technikaffinen Fahrzeugnutzern offensteht. Die Länge der Entwicklungsphasen in der Automobilbranche muss sich demnach verkürzen, um Ideen und Innovationen zügiger als bisher „zum Kunden" zu bringen. Schon jetzt präferieren viele Kunden z.B. zur Navigation aktuelle Apps auf dem Smartphone, statt ein veraltetes Navigationssystem.

---

[7] Vgl. Johanning V., Mildner R. (2015), S. 6

Nathalie Serban

3   Innovation als Erfolgsfaktor

Um sich erfolgreich und wirtschaftlich am Markt und in der Gesellschaft positionieren zu können, setzen Unternehmen den Fokus auf kontinuierliche Veränderungen und die Weiterentwicklung von Produkten, Prozessen oder Dienstleistungen. Innovation ist hierbei das Schlagwort. Durch die Erfindung, Entwicklung oder Einführung eines neuen Produktes, Verfahrens oder Dienstes, soll die Leistungskraft, Effizient und Wettbewerbsstärke verbessert werden.[8]

3.1   Design Thinking als Innovationsmethode

Entwickelt zu Beginn der 1990er Jahre von den Professoren der Stanford University David Kelley, Larry Leifer und Terry Winograd stellt Design Thinking ein Konzept oder auch eine systematische Methode zur Innovationsgenerierung dar. Der SAP Mitbegründer Hasso Plattner brachte die Innovationsmethode erstmals nach Europa und gründete gemeinsam mit David Kelley die sogenannte d.school[9] nach Stanford auch in Potsdam, an der Design Thinking gelehrt wird.

Ein weltweit agierendes Design Thinking Beratungsunternehmen ist die Innovations- und Design Agentur IDEO[10]. Tim Brown Chief Executive Officer (CEO) und Präsident von IDEO verfolgt den Ansatz, die Denkweise der Designer innerhalb des Innovationsprozesses zu nutzen. Für gewöhnlich spielten Designer innerhalb der Produktentwicklung keine Rolle und wurden lediglich am Ende hinzugeholt um den neuen Produkten ein passendes Design zu geben. Design Thinking definiert die Rolle des Designers innerhalb eines Unternehmens neu. Laut Brown sollen Eigenschaften wie Empathie, interdisziplinäres Denken, Optimismus, Experimentierfreude und Teamfähigkeit kundenorientierten Aktivitäten den entscheidenden Unterschied ausmachen.[11]

3.2   Begriffserläuterung

Um den Begriff „Design Thinking" transparent beschreibbar zu machen, muss man sich bewusstmachen, dass im deutschsprachigen Raum unter dem Begriff „Design" etwas Anderes verstanden, als im englischen Sprachraum. Im Deutschen beschreibt der Begriff Design weitgehend die Gestaltung von Produkten und anderen Dingen unter künstleri-

---

[8] Vgl. Innovation | Onpulson (2017)
[9] Abkürzung für: Hasso-Plattner-Institute of Design
[10] Vgl. Vetter M. (2011), S.57
[11] Vgl. Brown, T. (2009)

Nathalie Serban

schen und formalen Aspekten. Im Englischen hingegen ist Design mehr als nur Verschö-
nerung. Hier wird unter dem Verb „design" das bewusste und planmäßige Gestalten von
Objekten, Systemen und Strukturen[12] beschrieben. Das Zusammensetzten der beiden
Wörter „Design" und „Thinking" beschreibt das systematische und explizite Designen
und Erschaffen von Dienstleistungen, Produkten und Geschäftsmodellen.[13]

Durch Design Thinking soll ein faktenbasierter, aus Kundensicht orientierter Denkpro-
zess angestoßen werden. Während des Prozesses wird versucht, intuitive Ideen und Denk-
weisen zu forcieren. Das Ziel ist es, durch die Erfüllung von Kunden- und Nutzeransprü-
chen, die Erfolgswahrscheinlichkeit eines innovativen Ergebnisses zu erhöhen.

3.3   Voraussetzung von Design Thinking: Drei Aspekte von Innovation

Die Bedürfnisse des Menschen in den Mittelpunkt zu stellen, ist das Prinzip des Design
Thinking. Der Erfolg einer Innovation ist somit nur garantiert, wenn die Wünsche der
Nutzer angesprochen werden. In manchen Fällen lassen sich diese Wünsche jedoch nicht
in der Realität umsetzen, da die technischen Möglichkeiten nicht vorhanden sind. Design
Thinking bewertet somit eine Innovation auch nach seiner technischen Umsetzbarkeit.
Der dritte Aspekt betrifft die Wirtschaftlichkeit der Innovation. Nur wenn sich die Idee
der Design Thinker vermarkten lassen kann, d.h. dass der Nutzer in der Lage und bereit
ist einen bestimmten Betrag dafür auszugeben, kann aus einer Idee eine Innovation werden. Abbildung 3 veranschaulicht die drei Aspekte einer Innovation: Design Thinking
nimmt die Kundenbedürfnisse zum Ausgangspunkt der Zielsetzung, um innovative Produkte, Services oder Erlebnisse zu gestalten, die sowohl attraktiv, als auch realisierbar
und marktfähig sind.[14]

---

[12] Vgl. Plattner et al. (2009), S.59
[13] Vgl. Plattner et al. (2009), S.59
[14] Vgl. Hasso-Plattner-Institut (2017)

Nathalie Serban

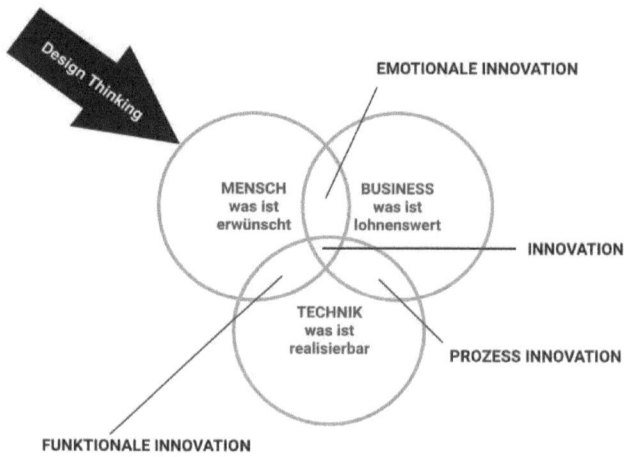

Abbildung 3: Drei Aspekte für Innovation (Quelle: Lobacher, P.(2016))

3.4   Phasen des Design Thinking Prozesses

In der Literatur findet man verschiedene Modellierungen des Design-Thinking-Prozesses. Die Unterschiede liegen dabei hauptsächlich bei der Anzahl und Ausprägungen der einzelnen Prozessschritte. Grundsätzlich geht es aber bei allen Modellierungen um die Schlüsselphasen Inspiration, Ideenfindung und Implementierung.[15] Der Design-Thinking-Prozess, welcher an der *HPI School of Design Thinking* gelehrt wird, enthält insgesamt sechs Phasen mit iterativen Schleifen:

1.   Verstehen

Im ersten Schritt des Design Thinking Prozesses geht es darum, das Problem in seinem Kontext zu verstehen. Eine wichtige Rolle spielt in dieser Phase die Frage nach der Zielgruppe, da Nutzenorientierung im Vordergrund beim DT steht. Das Ziel in dieser ersten Phase ist es herauszuarbeiten, was für den Erfolg des Projekts essentiell ist, sowie ein Verständnis für die Aufgabenstellung zu entwickeln und das Problem zu definieren.[16]

---

[15] Vgl. Keuper, F. et al. (2013), S.353
[16] Vgl. Keuper, F. et al. (2013), S.357

Nathalie Serban

2.   Beobachten

In der zweiten Phase des Design Thinking Prozesses folgt eine intensive Ermittlung der Bedürfnisse, Wünsche, Erwartungen und Verhalten der Nutzer. Es können für die Beobachtung sowohl Instrumente der quantitativen Forschung, wie bspw. die statistische Zusammensetzung der Zielgruppe, als auch Instrumente der qualitativen Forschung, so z.b. die Ermittlung des Zielgruppenkonsums angewendet werden.[17] Das Ziel ist es, sich in den Nutzer hineinzuversetzen und ihn zu beobachten, möglichst aus einer 360-Grad-Sicht.[18] Das Beobachten besteht dabei aus einer Kombination aus aufmerksamer Beobachtung und darauf aufbauenden Dialogen und Interaktionen. Ein wichtiger Bestandteil des Beobachtens besteht dabei aus, sowohl der schriftlichen Dokumentation, als auch auf Fotos oder Videos.[19]

3.   Sichtweise definieren (Synthese)

In diesem dritten Schritt geht es um die Auswertung, Interpretation und Gewichtung der gesammelten Informationen. Die individuell oder in Kleingruppen gesammelten Erkenntnisse geht es im Team zusammenzutragen, um einen einheitlichen Wissensstand zu generieren. Visuell oder narrativ werden die gesammelten Informationen vorgestellt; die relevanten Informationen werden von den weniger wichtigen getrennt. Geeignete Methoden, um die gesammelten Informationen mit dem Team zu teilen und sie dann gemeinsam zu bündeln, stellen u.a. Storytelling, Customer Journey Map und Persona dar.[20]

4.   Ideen finden

Nachdem die Sichtweisen definiert sind, wird der Fokus auf die Ideenfindung gelegt. Eine adäquate Kreativtechnik stellt dabei das Brainstorming dar. Das Ziel in dieser Phase ist es möglichst viele Ideen in einem relativ kurzen Zeitraum zu kreieren, um die Auswahl einer größtmöglichen Ideenmenge zu haben.[21] Es gilt die Ideen zunächst ohne Bewertung zu dokumentieren. Erst im Anschluss werden die vielversprechendsten Ideen durch eine Abstimmung ausgewählt und ggf. verfeinert und modifiziert. Eine Übersicht über mögliche Kreativitätstechniken liefert Abbildung 4.

---

[17] Vgl. Keuper, F. et al. (2013), S.358
[18] Vgl. Plattner et al. (2009), S.118
[19] Vgl. Grots, A.; Pratschke, M. (2009), S.3
[20] Vgl. Keuper, F. et al. (2013), S.359
[21] Vgl. Keuper, F. et al. (2013), S.359

Nathalie Serban

Techniken der freien Assoziation	Konfrontationstechniken
• Brainstorming	• Reizwortanalyse
• Kartenumlauftechnik	• Synektische Exkursion
• Ringtauschtechnik	• Visuelle Konfrontation in Gruppen
• Mindmapping	• Bildkarten-Brainwriting
	• Provokationstechnik
Techniken der strukturierten Assoziation	• Technische Lösungsprinzipien (insbes. TRIZ)
• Denkstühle nach Walt Disney	• Lösungsprinzipien der Natur
• Methode der sechs Denkhüte	
	Imaginationstechniken
Konfigurationstechniken	• Try to become the problem
• Morphologisches Tableau	• Take a picture of the problem
• Morphologische Matrix	• Geleitete Fantasiereise
• Attribute Listing	• Wegtauchen wie Salvador Dali
• SIT-Methodik	

Abbildung 4: Überblick Kreativitätstechniken (Quelle: Geschka, H. und General, S. (2014))

5.   Prototypen entwickeln

Die fünfte Phase des Design Thinking Prozesses widmet sich der Erstellung von Prototy-pen. Das Ziel dieser Phase ist es, Ideen möglichst früh in eine Form zu bringen, die für den Anwender sicht- und erlebbar ist. Dadurch sollen Stärken und Schwächen einer Idee leicht erkennbar gemacht, und durch konstruktive Kritik der Nutzer, Ansatzpunkte für zukünftige Verbesserungen generiert werden. Abhängig von der Art des Produkts oder Services können die Prototypen als bspw. Papier- oder Pappmodelle, 3-Modelle, Filme, Rollenspiele, Storytelling oder auch Co-Creation entworfen werden.[22]

6.   Testen

Im Anschluss an die Erstellung eines Prototypen, folgt die Phase des Testens der Proto-typen. Dabei wird die Erprobung nicht nur durch die Design Thinker, sondern gemeinsam mit dem späteren Nutzer durchgeführt. Das Ziel dieser Phase ist es, durch die direkte Resonanz der User, die Prototypen und Problemlösungen zu verfeinern und weiterzuent-wickeln. Das Feedback der Nutzer kann jedoch auch bedeuten im Design Thinking Pro-zess Schritte „zurück" zu gehen (z.B. zur Beobachtung), wenn festgestellt wird, dass kein entsprechender Bedarf bei den Nutzern besteht.[23]

---

[22] Vgl. Keuper, F. et al. (2013), S.360
[23] Vgl. Keuper, F. et al. (2013), S.360

Nathalie Serban

In Abbildung 5 ist der Design Thinking Prozess in sechs Phasen zusammengefasst. Dabei kann man erkennen, dass die verschiedenen Phasen zwar klar aufeinanderfolgend, sie jedoch iterativ miteinander verbunden, sind.

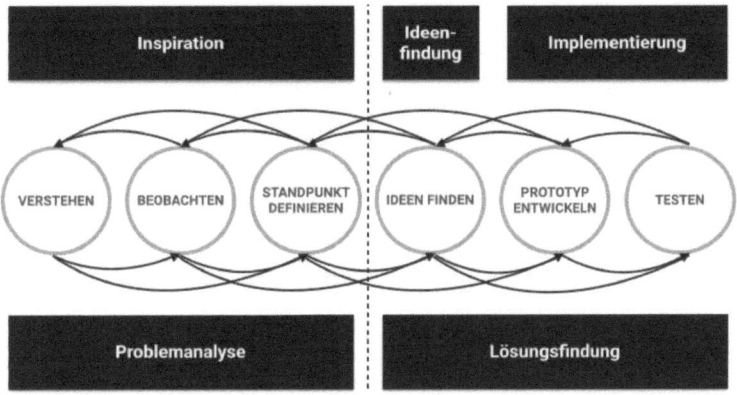

Abbildung 5: Design Thinking Prozess in sechs Phasen (Quelle: Lobacher, P.(2016))

4   Design Thinking Prozess zum Connected Car

Die Automobilindustrie beharrt seit Jahren auf der Optimierung des immer Gleichen: dem mehr als 100 Jahre alten Automobils. Diese Vorgehensweise wird beim Design Thinking durchbrochen. Nicht das Produkt, sondern der Kunde wird hier in den Mittelpunkt gerückt. Es wird nicht zuerst an die eigenen Produkte *(Was haben wir?),* oder an die Lösung *(Was können wir?)* gedacht, sondern an die Bedürfnisse der Menschen *(Was brauchen sie?).*[24] Im Folgenden wird somit im ersten Schritt nicht nach der Optimierung des Automobils gefragt, sondern wie sich das Mobilitätsverhalten und die Bedürfnisse der Menschen in den kommenden Jahren verändern wird.

Im Folgenden wird ein Design Thinking Prozess zum Thema Connected Car durchgeführt. Dabei gilt es primär zu erforschen, welche Funktionen das Connected Car haben sollte, um bei den Nutzern Akzeptanz zu erreichen und somit das „Auto der Zukunft" zu werden.

---

[24] Kunstentschlossen (2017)

Nathalie Serban

4.1   Durchführung

Die Durchführung des folgenden Design Thinking Prozesses ist angelehnt an die standardisierte Vorgehensweise von Kapitel 3.4.

Die Phasen „Verstehen" und „Beobachten" werden zusammengefasst zur Phase „Problemdefinition und Kundenperspektive", dabei wird die Problemstellung definiert und im zweiten Schritt die aktuellen Probleme der Kunden bezüglich des Automobils gesammelt. Zusätzlich gilt es zu recherchieren, was das Interesse der Kunden an zukünftige Funktionen im Auto darstellt. Anhand dieser Interessen bzw. Wünsche wird dann die zweite Phase des Design Thinking Prozesses „Ideengenerierung" gestartet. Dabei gilt es so viele verschiedene Ideen zu finden, die den Wünschen der Kunden in Zukunft gerecht werden könnten. Im weiteren Verlauf wird ein Prototyp der erarbeiteten Lösung erstellt. Der Prototyp soll einen ersten Eindruck verschaffen, wie ein Leben mit dem Connected Car aussehen kann.

1. Phase: Problemdefinition und Kundenperspektive

In der ersten Phase von Design Thinking geht es darum, den Problemraum abzustecken. Es muss unterschieden werden, ob es sich bei der Aufgabenstellung um die Beschreibung einer gewünschten Lösung oder um die Beschreibung eines zu lösenden Problems handelt. Die Lösungsbeschreibung lautet folgendermaßen:

„Das Connected Car stellt das Auto der Zukunft dar."

Nun gilt es, die Lösungsbeschreibung in eine Problemstellung[25] umzuwandeln.[26] Das Problem kann dabei folgendermaßen definiert werden:

„Wie gelingt es, das Connected Car so zu gestalten, dass das Fahrerlebnis der Zielgruppe verbessert wird?"

Nachdem das Problem definiert ist, gilt es sich in den Kunden hinein zu versetzen. Es wird eruiert, welche Verhaltensweise, Wünsche und Anforderungen der Autofahrer heute und in Zukunft besitzt. Im Folgenden wird eine Persona erstellt, die mitunter das größte Potential zur Nutzung des Connected Cars darstellt. Langfristig betrachtet sollte das Connected Car aber jedes Kundensegment, unabhängig von Alter, Geschlecht und anderen Aspekten ansprechen.

---

[25] Auch Design-Challenge genannt.
[26] Vgl. Wiele I, (2016)

Personas sind eine fiktive Verallgemeinerung der Idealkunden und haben zum Ziel die Kunden besser zu verstehen.[27] Die Informationen für Persona-Konzepte können aus verschiedenen Quellen stammen z.b. Interviews und Umfragen. Für diesen Design Thinking Prozess werden bereits erhobene Daten zur Erstellung des idealtypischen Kunden verwendet. Bei einer Auto BILD Umfrage gaben von 1500 Befragten mit 43 Prozent die Gruppe der 18-29-Jährigen am meisten interessiert.[28] Die zusätzlichen Daten sind fiktiv und sollen ein besseres Verständnis für den Nutzer und seine Bedürfnisse bieten. Die Persona findet sich im Anhang 1. Der Aspekt, der für die Ideengenerierung im zweiten Schritt mitunter am wichtigsten ist, stellt das Befinden der Persona im Auto dar.

Momentan assoziiert die Persona mit dem Auto die Wörter:

- Stress

- Zeitdruck

- Ärger, vor allem an roten Ampeln oder wenn Teile kaputtgehen

Bei der Ideengenerierung soll auf diese Emotionen eingegangen werden und Vorschläge erbracht werden, die diese Emotionen beim vernetzten Auto positiv umwandeln könnten.

Nachdem der idealtypische Kunde mittels einer Persona erstellt wurde, gilt es sich die Services in Connected Cars zu betrachten, welche die Kunden bereits nutzen, oder an denen sie interessiert sind. Die in Abbildung 6 dargestellten Ergebnisse beruhen auf einer repräsentativen Befragung von 1.500 Konsumenten in Deutschland.[29] In dieser Abbildung kann man erkennen, dass die Interessen für die verschiedenen Connected Car Anwendungen zwischen den Generationen sehr unterschiedlich sind – eine Ausnahme bilden die Fahrassistenzsysteme für mehr Sicherheit im Auto, sie stehen bei allen Altersklassen ganz oben.

---

[27] HubSpot (2017)
[28] Vgl. Posch, K. (2016)
[29] Datenland Deutschland (2015), S. 4

Nathalie Serban

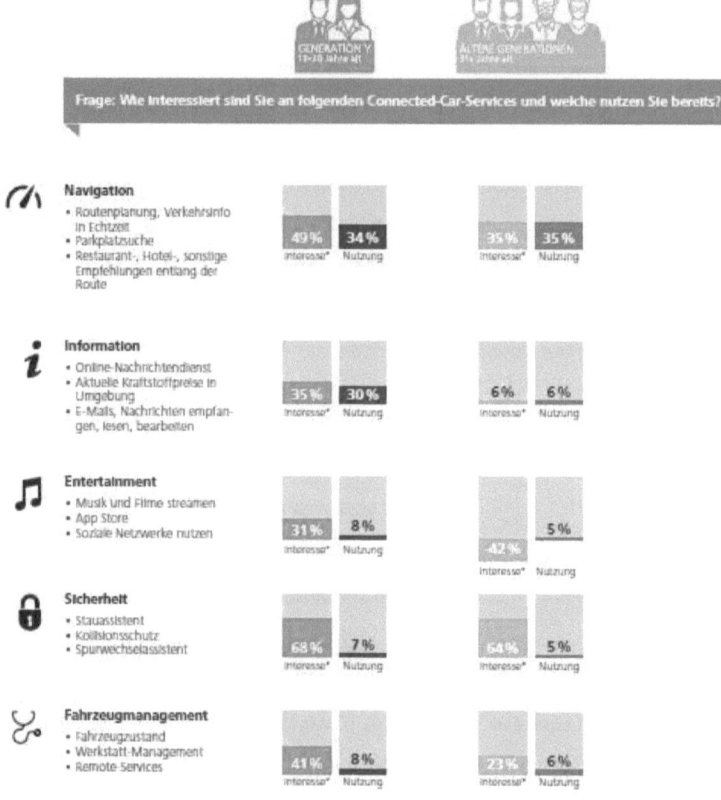

Abbildung 6: Prozentuales Interesse / Nutzung der Connected Car Services jeweils nach jüngerer und älterer Generation (Quelle: Datenland Deutschland: Connected Car (2015), S. 13)

Die in Abbildung 6 aufgelisteten Punkte werden zur Übersichtlichkeit abstrahiert, so werden folgende Punkte für den weiteren Verlauf des Design Thinking Prozesses unter Betracht gezogen:

- **Sicherheit**

- **Infotainment**, aus einer Kombination von Information und Entertainment. Infotainment generiert sogenannten Content, also Inhalte wie

Nachrichten, Börsenkurse, Wetter oder auch Facebook-, Twitter- und Email- Nachrichten, aber auch Musik.[30]

- **Wirtschaftlichkeit**, dies impliziert die effiziente Routenplanung (Navigation) und das Fahrzeugmanagement.

Momentane Situation:

Im nächsten Schritt wird auf die heutige Situation der Kunden bezüglich den drei Kriterien geblickt. Dabei wird vor allem der Fokus auf die momentanen Problematiken gelegt, um im Verlauf des Design Thinking Prozesses Lösungsvorschläge dazu zu generieren. Der Aspekt „Infotainment" nimmt dabei einen anderen Stellenwert ein, als die Aspekte Wirtschaftlichkeit und Sicherheit ein. Hier existieren derzeit keine direkten Probleme. Ein Verbesserungsvorschlag ergibt sich hier raus aus den bislang nicht vorhandenen bzw. mangelnden direkten Infotainmentangeboten im Auto.

Sicherheit:

Bei der Überlegung der derzeitigen Sicherheitsrisiken im Auto wurden mehrere Aspekte aufgeschlüsselt. Beträchtlich dabei ist, dass primär der Fahrer diese Sicherheitslücken durch seine eigene Verhaltensweise hervorruft. Vor allem die Ablenkung durch Smartphones, sei es zum Telefonieren, surfen, Musik streamen o.a. stellen ein hohes Sicherheitsrisiko dar.[31] Jeder 14. Autofahrer soll während der Autofahrt am Smartphone hantieren. Dabei erhöhe sich das Unfallrisiko durch die Ablenkung des Smartphones um das 23-Fache. [32]

Weitere Sicherheitsrisiken stellen folgende Punkte dar:

- Alkohol-/Drogenkonsum

- Vernachlässigung des Kundenservice

- Veraltetes Fahrzeug

- Unsicherheiten des Fahrers

---

[30] Vgl. Johanning, V. und Mildner, R. 2015, S. 5

[31] Jeder zehnte Unfall auf deutschen Straßen sei möglicherweise auf die Nutzung von Smartphones zurückzuführen. (Quelle: http://www.meinauto.de/lp-ablenkungen-beim-autofahren-autosicherheit)

[32] Vgl. Jacobs, S. (2016)

15

Wirtschaftlichkeit:

Die Autofahrer in Deutschland verbringen durchschnittlich 30 Stunden pro Jahr lang im Stau. Die Kosten im Jahr 2016 belaufen sich auf 1.531 Euro pro Fahrer, verursacht durch Stau.[33]

Weitere wirtschaftliche Schwachstellen sind:

- Parkplatzsuche → Zeit

- Auto lange Zeit ungenutzt → Kosten

- Wertverlust des Autos → Kosten

- Kundendienst nachgehen → Zeit

Infotainment:

Nimmt man als Beifahrer die passive Rolle im Auto ein, versuchen viele Menschen die Zeit sinnvoll zu nutzen. Die einen arbeiten mobil am Laptop (Car Office), die anderen loggen sich in ihre sozialen Netzwerke ein. Die Nutzung der Infotainment Angebote auf dem Smartphone als aktiver Autofahrer dagegen stellt ein hohes Sicherheitsrisiko dar (Siehe Punkt Sicherheit). Die Funktionen des aktuellen Infotainmentangebot direkt im Auto beinhaltet z.B. das Autoradio oder den CD-Player, will man auf das Smartphone zugreifen sind geeignete Schnittstellen notwendig.[34]

Auf die drei Aspekte Sicherheit, Wirtschaftlichkeit und Infotainment wird bei der Ideengenerierung Bezug genommen.

2. Phase: Ideengenerierung

Im Gegensatz zu der ersten Phase wird in dieser Phase nicht problemorientiert, sondern lösungsorientiert gedacht. In dieser Phase stehen verschiedene Kreativitätstechniken zur Verfügung (siehe Abbildung 4). Im Rahmen dieser Arbeit wird mithilfe einer Mindmap Ideen generiert. Diese Methode ist im Vergleich zu alternativen Kreativitätstechniken auch als Einzelperson durchzuführen.

Bei einer Mindmap geht es darum, Gedanken bildhaft in einer Art Baumstruktur aus Schlüsselwörtern zu sortieren. Dadurch werden komplexe Aufgaben in übersichtliche

---

[33] Verkehrsstaus verursachen Kosten von 69 Milliarden Euro – allein in Deutschland | manage it (2017)
[34] Dirscherl, H. (2017)

Nathalie Serban

Einzelteile zerlegt.[35] Ziel ist somit im ersten Schritt der Ideengenerierung eine übersichtliche Darstellung der Gedanken zu den Themen Sicherheit, Wirtschaftlichkeit und Infotainment in Bezug auf das Connected Car zu erhalten.

- Input: User Needs

- Output: Ideen zur Erfüllung der Bedürfnisse[36]

Für die Sammlung der derzeitigen Problematiken bezüglich den Themen Sicherheit, Wirtschaftlichkeit und Infotainment im Auto wurde ebenso die Technik der Mindmap hergezogen. Die Generierung der Lösungsansätze wurden darauf aufbauend der Mindmap ergänzt. Die Mindmap findet sich in Anhang 2. Die Ideen, welche damit generiert wurden, werden im Folgenden ausgeführt und beschrieben.

Kundenorientierte Lösung:

Sicherheit: Für die Lösung des abgelenkten Fahrers durch das Smartphone dieser Problematik gibt es zwei naheliegende Vorgehensweisen:

(1)   Der Gesetzgeber sieht klar vor was im Fahrzeug erlaubt ist und was nicht. Die Bedienung eines Smartphones während der Fahrt wird verboten, um sich vollständig auf das Fahren konzentrieren zu können.

(2)   Die Fahraufgabe wird an das Fahrzeug übergeben, damit der Fahrer seine Aufmerksamkeit anderen Tätigkeiten widmen kann (Emails lesen und schreiben, Telefonieren, Video, Soziale Medien etc.).

Momentan gilt es eher Gegenmaßnahmen (1) zu entwickeln, statt sich dem eigentlichen Problem (2) zu widmen. So werden bspw. Kamerasysteme entwickelt, welche aufzeichnen sollen, ob der Fahrer seiner Fahraufgabe ausreichend Aufmerksamkeit schenkt.[37]

Eine kundenzentrierte Vorgehensweise strebt dagegen an, den gesellschaftlichen Entwicklung (Mobile Entertainment, Media Streaming…) Rechnung zu tragen und wenn gewünscht, den Fahrer vollständig von seiner Fahraufgabe zu befreien, damit dieser sich nach seinen Wünschen im Auto beschäftigen kann.

Autoentwickler Herr Dr. Herrtwich (Daimler) macht die aktuelle Situation mit seiner Aussage deutlich:

---

[35] Karrierebibel (2017)
[36] Vgl. Schallmo, D. (2017), S. 53
[37] Vgl. Proff, H. (2015), S. 147

Nathalie Serban

„ Wir haben eine Generation, für die lenkt das Autofahren vom SMS Schreiben ab. "[38]

Die Vorgehensweise (2) zur Lösung des Problems des abgelenkten Fahrers impliziert das *autonome Fahren.* Intelligente Fahrassistenzsysteme, die bereits in mehreren Fahrzeugen implementiert sind, bilden die Vorstufe des autonomen Fahrens. Ein vollautonomes Fahrzeug agiert in allen Verkehrslagen selbstständig und ist für die eigene Sicherheit und die seiner Umgebung voll verantwortlich.[39]

Durch solch ein Fahrzeug würden viele Sicherheitsrisiken, v.a. durch Unaufmerksamkeit bzw. Ablenkung eliminiert werden. Der Nutzer hätte die Möglichkeit z.b. geschäftliche Dinge an seinem Laptop zu erledigen, oder soziale Medien zu nutzen, ohne sich und seine Umwelt durch Unachtsamkeit zu gefährden. Die verbrachte Zeit im Auto könnte demnach deutlich komfortabler gestaltet werden.

Die Vernetzung und damit die Kommunikation der Fahrzeuge, sowie der Infrastruktur untereinander ermöglicht es auch, dass auf Situationen reagiert wird, die der Mensch als Fahrer nicht erahnen kann. So kann das Fahrzeug schon reagieren und / oder bremsen noch ehe der Fahrer hätte reagieren können.

Um das Fahrzeug möglichst kundenorientiert zu gestalten, ist es nötig durch Individualdaten (z.B. aus Smartphone/-watch, Schlüssel etc.) der Kunden die integrierten Services zu personalisieren. Fährt ein Fahrzeug autonom, impliziert dies auch, dass das Fahrzeug in der Lage ist, ohne Insasse von A nach B zu kommen. Mit Individualdaten könnte das Connected Car ausschließlich den Kunden zu gewünschten Zeiten transportieren: Das Auto holt den Kunden morgens von zuhause ab, fährt diesen zur Arbeit und holt ihn schließlich zum Feierabend wieder ab. In der Zeit, wo der eine Kunde auf der Arbeit ist, fährt das Connected Car einen anderen Kunden z.B. zu einem Geschäftstermin. Zusätzlich könnten durch das autonome Fahren Menschen, die momentan nicht in der Lage sind, ein Auto zu fahren (z.B. ältere Menschen oder Menschen mit Behinderungen), zur Mobilität verhelfen.

Das Connected Car kennt die Kunden und deren Termine und könnte die Kapazität effizient auslasten. Es erhält Informationen über den Wohnort, die Arbeit, Interessen und alle anderen benutzerdefinierten Daten. Dadurch ist auch das auf den jeweiligen Kunden zugeschnittene *Infotainmentangebot* möglich. Der Kunde kann sein „digitales Leben" mit

---

[38] Vgl. Proff, H. (2015), S.147
[39] Vgl. Johanning, V. und Mildner, R. (2015), S.64

Nathalie Serban

ins Auto nehmen, und die Fahrzeit sinnvoll nutzen. Auf dem Weg zur Arbeit läuft ausschließlich die Musik, welcher der Kunde gerne hört und er hört nur die Nachrichten, die ihn interessieren. Die Eingabe individueller Präferenzen, die schon heute auf vielen Apps möglich ist, wird durch die Vernetzung auf das Auto übertragen. Durch die Ermittlung des aktuellen Standorts sind auch ortsbasierte Werbung z.B. empfohlene Hotels oder Restaurants und lokale Nachrichten möglich.

Die Unmenge der Daten zu einem Kunden sollten nicht an ein Auto gekoppelt sein, sondern alle Funktionen sollen auf jedem Connected Car vorhanden sein. Dies wäre entweder möglich, wenn der Nutzer seine Daten in der Cloud des jeweiligen Autoherstellers gespeichert hat und diese beim Einstieg in das Auto auswählt, oder der Nutzer seine Daten jederzeit selber „mit ins Auto" bringt, z.B. wenn die individuellen Daten auf einer Karte gespeichert sind. Das bedeutet auch, dass jeder Nutzer die Möglichkeit hat in ein „freies" Auto einzusteigen und die Funktionen für ihn bereitstehen. Bei den gerade jüngeren urbanen Konsumenten lässt sich ein Wandel im Verständnis von Mobilität beobachten. Nicht mehr der Besitz eines Autos, sondern dessen Nutzung drängt sich in den Vordergrund. Mobilität selbst wird nicht mehr als Produkt nachgefragt, sondern als ein smarter Service.[40] Dieser Trend ist bereits in einigen Städten etabliert, wo mehrere Nutzer ein Auto gemeinschaftlich teilen. Das Prinzip nennt sich „Car Sharing" und unterliegt dem allgemeinen Trend der „Sharing Economy", womit das systematische Teilen und Tauschen von Gegenständen und gegenseitige Bereitstellen von Räumen und Flächen, v.a. durch Privatpersonen zu verstehen ist.[41]

Bezogen auf das Connected Car gäbe es also keinen rechtlichen Besitzer und die Kunden zahlen nur für dessen Nutzung (pay per use)[42]. Die Bereitschaft zu nutzungsbasierten Abrechnungsmodellen ist kundenseitig vorhanden.[43]

Proff macht in ihrer Darstellung (siehe Abbildung 7) die Konvergenz der beiden Entwicklungen (vom Besitzen zum Nutzen (Carsharing) und Autonomes Fahren) im oberen rechten Quadraten deutlich.

---

[40] Vgl. Kolocek, B.,S.1
[41] Vgl. Bendel, O. (2017)
[42] Vgl. Hegeler, J. (2016)
[43] Vgl. Proff, H. (2015), S.151

Nathalie Serban

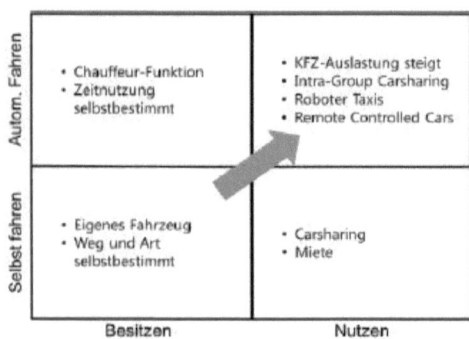

Abbildung 7: Individualmobilität als Dienstleistung (Quelle: Proff, H. (2015), S.150)

Durch die Ubiquität, also die Erhältlichkeit eines Autos an jedem Ort[44], wäre der Nutzer zusätzlich flexibler, er könnte ein Auto ortsunabhängig nutzen.

„Nutzen statt besitzen"[45] hätte auch viele *wirtschaftliche Auswirkungen*. Zum einen würde dadurch eine effiziente Auslastung eines Fahrzeugs bewirkt werden. Die Zeit, bei der heute viele Fahrzeuge ungenutzt sind, würde deutlich reduziert werden, was auch ökologische Vorteile verschaffen würde. Durch die Vernetzung der Autos lassen sich auch wirtschaftlichen Vorteile für den Kunden ziehen. In Echtzeit könnte das „Auto der Zukunft" durch die Vernetzung mit den anderen Autos staubildende Faktoren erkennen, entgegenwirken und alternative Strecke nutzen. Dies würde, analog zur Parkplatzssuche, teures Warten ersparen. Für die Kunden würde sich damit eine Stresssituation im jetzigen Auto eliminieren. Durch die Vernetzung ist auch ein reibungsloser Verkehrsfluss möglich. Die Connected Cars könnten die Geschwindigkeit dahingehend anpassen, dass eine Fahrt bei „grüner Welle" gewährleistet ist.

Auch in Hinblick von Dienstleistungen könnte der Kunde entlastet werden. Dadurch, dass keiner mehr in direktem Besitzt eines Autos stehen würde, entfallen zeitaufwändige Werkstattsuchen und Autoservices wie Autowäsche oder Ähnliches. Autonome Funktionen ermöglichen es dem Fahrzeug, Aufgaben zu übernehmen, ohne dass ein Insasse an Bord sein muss, so könnte das Auto z.B. eigenständig eine Tankstelle oder einen entfernt liegenden Parkplatz anfahren.

---

[44] Vgl. Konradin Medien GmbH und Leinfelden-Echterdingen (2017)
[45] Vgl. Jungblut, I. (2016)

Nathalie Serban

Noch einfacher wäre eine direkte Ferndiagnose am Auto durch die Vernetzung der Werkstätten. Software-Updates z.b. für Navigationssysteme oder Steuergeräte wären durch die Vernetzung ohne Werkstattaufenthalt möglich. Die Vernetzung kann an dieser Stelle noch einen Schritt weitergehen: Zeigt die Ferndiagnose bspw. den Verschleiß von Bremsscheiben an, startet nach erfolgreicher online Terminbuchung die automatisierte Ersatzteil- und Kapazitätsplanung beim Händler.

3. Phase: Prototyping

Nachdem die zahlreichen Ideen zur Vernetzung des Autos generiert wurden, geht es darum die Ideen plastischer, erfahrbarer zu machen. Prototyping stellt ein Verfahren zum Austesten von angestrebten Ergebnissen mittels Testversionen dar.[46] Generell wird darunter also die Annäherung an ein Produkt oder eine Dienstleistung verstanden. Das Prototyping an sich beschreibt hierbei das Verfahren oder den Prozess. Es gibt verschiedene Arten von Prototypen z.B.[47]:

- Paper Prototype (Anwendungen)

- Storyboard (Abläufe & Prozesse)

- Modell (Form, Größe, Gewicht, Funktionalität)

- Rollenspiel (Soziale Interaktion)

- Business Model (Geschäftsmodelle)

- Videoclip (Interaktion, Produktidee)

Für diesen Design Thinking Prozess wird die Methode des *Storytellings* verwendet. Beim Storytelling geht es allgemein darum, durch den Einsatz von Geschichten Wissen, Ideen, Produkte oder sonstige Information zu vermitteln. [48] Die Ziele des Storytellings bestehen darin, Information zu vereinfachen, sie ansprechend darzustellen und so dem Rezipienten kognitiv unkomplizierter zugänglich zu machen.[49]

Die Rezipienten stellen in diesem Design Thinking Prozess die zukünftigen Kunden dar, wobei es gilt die Ideen des vernetzten Autos möglichst anschaulich darzustellen.

---

[46]Vgl. Prototyping Definition (2017)
[47] Vgl. Creaffective (2017)
[48] Vgl. Content Marketing Glossar (2017)
[49] Vgl. Content Marketing Glossar (2017)

Nathalie Serban

Da es im gesamten Design Thinking Prozess darum geht, die Kundenbedürfnisse in den Mittelpunkt zu stellen, wird aus Sicht der Persona, welche in Phase 1 erstellt wurde, das vernetzte Auto beschrieben:

Storytelling Connected Car

Herr Schillers Wecker klingelt um 6:00 Uhr, eigentlich zu spät für die Verkehrslage in München, um noch pünktlich zur Arbeit zu kommen. Doch nicht heute: seit einem Monat sind die Conneced Cars auf dem Markt und Herr Schiller hat noch genug Zeit seinen Kaffee in Ruhe fertig zu trinken. Währenddessen tippt er in sein Smartphone, in wie viel Minuten, welches Auto vor der Tür stehen und ihn abholen soll. „Fünf Minuten" tippt er ein, genug Zeit um sein Jackett anzuziehen und seine Schuhe zu binden. Draußen wartet pünktlich das bestellte Auto „Guten Morgen, Herr Schiller", begrüßt es ihn, als er hinten einsteigt. Auf einem der integrierten Displays tippt er seine Zieldestination „Arbeitsplatz" ein, wo er noch weitere Reiter wie Nachrichten, Videos und Musik zur Auswahl hat. Eigentlich würde er sich heute gerne ausschließlich auf seine Lieblingsmusik konzentrieren, doch er hat noch eine Präsentation für die Arbeit fertig zu stellen, also packt er seinen Laptop aus und arbeitet mobil. Er denkt an die Zeit vor einem Monat, wo er unzählige Nerven morgens an den stockenden Verkehr verloren hat und dadurch nahezu jeden Tag verspätet und gestresst zur Arbeit erschienen ist. Darüber braucht er sich nicht mehr zu sorgen, denn er weiß, das Connected Car kennt immerzu den günstigsten Weg. Pünktlich und zufrieden wird er an seiner Arbeitsstelle abgelassen. Bei der Arbeit gibt es nur noch ein Gesprächsthema: Das Connected Car. Jens, sein Arbeitskollege schwärmt von seinem unkomplizierten Wochenendtrip."Wir sind zu viert mit einem SUV nach Köln gefahren, haben während der Fahrt einen Film geschaut. Als wir dort angekommen sind, hatten wir keine Probleme wegen der Parkplatzssuche, das Connected Car hat uns genau vor der Türe abgelassen. Für einen Tagesausflug haben wir uns dann entschieden einen Zweisitzer zu bestellen, die anderen beiden wollten nicht mitkommen. Diese Flexibilität schätze ich am meisten", sagt er „Kein Stress mehr, von einem Auto abhängig zu sein, Überlegungen wie, kommen wir mit den verfügbaren Sitzen aus, sind passee". Timo verspürt Vorfreude, wenn er an den kommenden Barcelona Ausflug denkt – keine langen Nächte mehr durchfahren und übernächtigt ankommen. Stattdessen komfortabel, die Dinge machen, die er auch daheim gemacht hätte: Surfen, Online Shopping, mit seinem Bruder telefonieren.

Um 17:00 Uhr steht das Connected Car pünktlich vor seiner Arbeitsstelle. Da er seine Frau in letzter Zeit wegen seiner Arbeit vernachlässigen musste, beschließt er ihr einen Strauß Rosen zu kaufen. Er gibt „Rosen kaufen" in das Display beim Connected Car ein und wird zum nächsten Blumenladen gelotst. Zuhause angekommen freut sich seine Frau über die Blumen und meint: „Wow, jetzt mutiert das Connected Car auch noch zum Eheberater. Ich bin froh, dass du heute mal pünktlich zum Abendessen erschienen bist.".

---

4. Phase: Testen

Im Folgenden wird ein Vorschlag genannt, wie man den erstellten Prototypen testen könnte. Da es sich hier nicht um eine greifbare Lösung wie z.b. ein Pappmodell handelt, und dem Nutzer kein direktes Ausprobieren am Produkt offensteht, könnte man bspw. mittels eines Fragebogens die Akzeptanz und Empathie gegenüber der Lösung erfragen.

Generell wäre dabei jeder potentielle Nutzer interessant[50]. In diesem Fall wurde bei der Erstellung der Persona bereits ein Profil herausgearbeitet, welches den Testern, zumindest in der ersten Iteration, entsprechen soll. Da der Prototyp genau auf dieses Profil erstellt wurde, wäre das Feedback für den weiteren Verlauf sehr aussagekräftig. Der Nutzer bekommt Zeit sich den Alltag, in Form der Story, mit dem Connected Car durchzulesen.

Anschließend könnte man ihn einen Fragebogen ausfüllen lassen der folgende Punkte enthält:

- Scheint der Tagesablauf mit dem Connected Car für Sie realistisch?
- Könnten Sie sich vorstellen ein Connected Car zu nutzen?
- Welche Bedenken hätten Sie bei der Nutzung?
- Wären Sie bereit, mehr Geld für die Nutzung eines Connected Cars auszugeben, als bisher für Ihr Auto?
- Welche Features des Connected Cars sprechen Sie besonders an?
- Welche Features wären für Sie weniger wichtig?

---

[50] Vgl. Brinkhoff, S. (2015)

Nathalie Serban

Den Fragebogen könnte man natürlich noch erweitern. Nützlich wären zum Großteil offene Fragen, bei dem der Nutzer keine Antwortmöglichkeit vorliegt. Der Vorteil wäre, dass von vielen verschiedenen Menschen Verbesserungsvorschläge genannt würden, die in der nächsten Iteration des Design Thinking Prozesses eingebaut werden könnten.

4.2   Überprüfung auf Innovation

Im Folgenden wird auf das Thema von Kapitel 3.3 referenziert. Die Kernaussage davon ist, dass aus einer Idee nur eine Innovation werden kann, wenn ein Gleichgewicht aus den Aspekten Mensch, Machbarkeit und Wirtschaftlichkeit herrscht.

Es gilt nun zu überprüfen, ob die Idee des Connected Cars eine potentielle Innovation nach den drei Kriterien darstellt:

Mensch:

Die Wünschbarkeit der Kunden ist aus Sicht des Design Thinking die wichtigste Komponente.[51] Der Design Thinking beginnt immer mit der Frage, wann eine bestimmte Lösung für eine spezifische Zielgruppe attraktiv ist. Erst im Anschluss wird die Machbarkeit und Wirtschaftlichkeit unter Betracht gezogen.[52]

Die Wünschbarkeit für das Connected Car wurde bereits in der Durchführung des Design Thinking Prozesses im vorherigen Kapitel evaluiert. Abbildung 8 stellt eine Prognose für die Wahrnehmung von Konnektivität der Kunden dar. Man erkennt, dass im weiteren Verlauf der Digitalisierung, die Konnektivität mehr und mehr als selbstverständlich betrachtet wird.

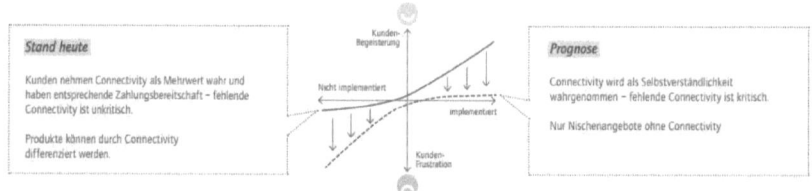

Abbildung 8:Stand heute und Prognose der Wahrnehmung bezüglich Konnektivität (Quelle: http://ass ets.kienbaum.com/downloads/Connected-Car_Kienbaum-Studie-2016.pdf?mtime=20160810110250)

---

[51] Vgl. Lobacher, P. (2016)
[52] Hasso-Plattner-Institut (2017)

Nathalie Serban

Machbarkeit:

Im zweiten Schritt geht es darum, zu überprüfen, ob das Connected Car technisch auch umsetzbar wäre.

Für die Vernetzung im Auto ist vorrangig eine stabile, durchgängige Mobilfunkgeschwindigkeit notwendig, die von der Bandbreite ausreichend für die Anwendungsfällte im vernetzten Fahrzeug ist. Mittlerweile ist es möglich, Fahrzeuge mittels LTE-Netzwerke mit der Außenwelt zu verbinden, was bedeutet, dass die herkömmliche Breitbandgeschwindigkeit, wie man sie aus dem Festnetz kennt auch in Fahrzeugen integrierbar ist. LTE bietet neben dem Vorteil höherer Kapazität, auch eine geringe Latenzzeit, was im Hinblick auf Echtzeitdaten z.b. Staumeldungen ein kritischer Faktor darstellt.[53] LTE stellt also die entscheidende Technologie, zumindest bis zum jetzigen Zeitpunkt, für vernetzte Automobile dar.[54] Es handelt sich aber auch um eine Technologie, die sich mitten im Entwicklungsprozess befindet. Die Autohersteller müssen also einen Blick darauf haben, wie sich die drahtlose Technologie entwickelt und entsprechende Flexibilität zur Anpassung ihrer Lösungen an zukünftige Technologien und sich verändernde Services schaffen.

Wie bereits oben beschrieben, müssen für die Realisierung die Autohersteller mit den Mobilfunk- und IT- Herstellern kooperieren. Damit sich das Auto nicht analog zum Smartphone zu einer reinen Plattform entwickelt, müssen die Autohersteller außerdem darauf Acht geben, dass nicht die Marktmonopole aus der IT-Industrie wie Apple oder Google die Hoheit über das Connected Car übernehmen und quasi bei Herstellern Autos einkaufen, mit ihren Technologien aufrüsten und unter ihrem Label verkaufen.[55]

Die Entwickler müssen zudem die Heterogenität der Mobilfunk-Landschaft bewältigen, um die Connected Car Technologie optimal ausschöpfen zu können. Probleme können beispielsweise auftreten, wenn neue In-Vehicle-Apps nicht mit den bestehenden Eigenschaften kompatibel sind. Abhilfe können z.B. Open-Source-Plattformen schaffen, welche zu kürzeren Markteinführungszeiten für neue Produkte und Dienste führen.[56]

---

[53] Vgl. Dressler, J. et al. (2015)
[54] Vgl. Dressler, J. et al. (2015)
[55] Vgl. Johanning, V. und Mildner, R. (2015)
[56] Vgl. Dressler, J. et al. (2015)

Nathalie Serban

Wirtschaftlichkeit:

Bei diesem Aspekt wird überprüft, ob die Einführung der Connected Cars auf dem realen Automobilmarkt rentabel wäre. Das heißt, wäre es möglich als Anbieter Geld zu verdienen, und wären die Kunden bereit für die Leistungen zu bezahlen.

Mit der Vernetzung des Autos entstehen neue Geschäftsmodelle.[57] Teil fast jeden digitalen Geschäftsmodells, so auch beim Connected Car, ist die Verarbeitung und anderweitige Nutzung anfallender Daten.[58] Durch die Vernetzung können die Daten Aufschluss über die Konsumpräferenzen, den Musikgeschmack oder auch über die Gesundheit geben.[59] So können Marketingprofile erstellt werden, die u.a. für personalisierte Anzeigen zur richtigen Zeit am richtigen Ort eingesetzt werden können.[60] Üblicherweise bezahlt der Kunde den Anbieter. Im Fall von werbefinanzierten Modellen wird dieses Prinzip verändert.[61] Das Angebot steht dem Kunden, i.d.R. eine Dienstleistung, zwar direkt kostenlos zur Verfügung, wird jedoch über Werbung als Erlösquelle monetarisiert, sodass der Kunde bei anschließendem Kauf von Produkten oder Dienstleistung indirekt bezahlt. Damit die IT Giganten nicht die Hoheit über die Daten erlangen, versuchen deutsche Autohersteller bereits eigene digitale Angebote zu schaffen.[62] Die personenbezogenen Daten können Automobilindustrie und Dienstanbieter vor beachtliche Herausforderungen stellen, denn diese unterliegen gewissen gesetzlichen Anforderungen.[63]

---

[57] Vgl. Computerwoche (2016)
[58] Vgl. Kolocek, B. (2015), S.7
[59] Vgl. Kolocek, B. (2015), S. 9
[60] Vgl. Kolocek, B. (2015), S. 9
[61] Vgl. Kolocek, B. (2015), S.5
[62] Beispiel: Kartendienst „Here" von Nokia unter Beteiligung von Audi, BMW und Daimler
[63] Vgl. Kolocek, B. (2015), S.7

Nathalie Serban

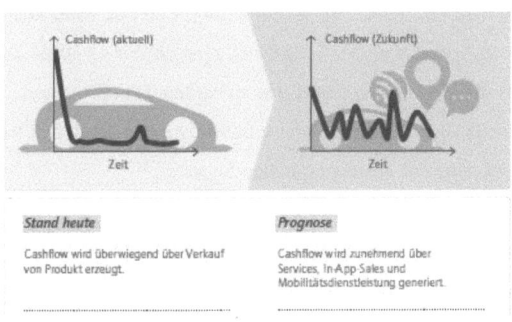

Abbildung 9: Verschiebung der Erlöse (Quelle: http://assets.kienbaum.com/downloads/Connected-Car_Kienbaum-Studie-2016.pdf?mtime=20160810110250)

Abbildung 9 macht die Verschiebung der Erlöse bei Einführung von Connected Cars deutlich. Momentan wird der Cashflow primär durch den Verkauf eines Autos generiert. Prognosen zufolge werden bei einem Connected Car künftig die Erlöse über Services, In App Sales und Mobilitätsdienstleistungen erzielt.[64]

Dass auch die Mehrheit der Nutzer bereit wären, einen Aufpreis für Connected Car Leistungen zu zahlen, zeigt Abbildung 10.

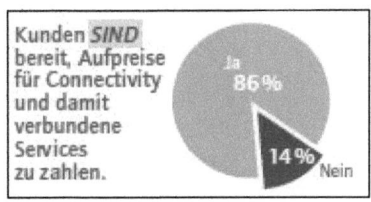

Abbildung 10: Prozentualer Anteil der Kunden, die bereit sind einen Aufpreis für Connectivity zu zahlen. (Quelle: http://assets.kienbaum.com/downloads/Connected-Car_Kienbaum-Studie-2016.pdf?mtime=20160810110250

Ergebnis:

Nach Prüfung der drei Kriterien Mensch, Wirtschaftlichkeit und Machbarkeit stellt das Connected Car eine Innovation im Sinne des Design Thinkings dar. Der Wunsch auch im Automobil auf digitale Medien zugreifen zu können, ist bei dem Großteil der Kunden gegeben. Dass die technische Machbarkeit bei dem heutigen Technologiestand gegeben

---

[64] Vgl. Kienbaum (2016), S.10

27

Nathalie Serban

ist, scheint wahrscheinlich, wobei im Rahmen dieser Arbeit nicht alle technologischen Voraussetzungen überprüft wurden. Laut Umfragen ist der Großteil der Kunden bereit einen Aufpreis für die Vernetzung des Autos zu zahlen. Das Erlösmodell wird sich dabei höchstwahrscheinlich verschieben: Primär wird nicht mehr durch den Verkauf eines Autos Erlös erzielt, sondern mit den angebotenen Services.

5   Resümee

Das Ziel dieser Arbeit stellt den Entwurf des vernetzten Autos, dem Connected Car, dar. Dazu wurden auf Basis der kundenorientierten Innovationsmethode Design Thinking Ideen generiert. Zunächst wurden die aktuellen Probleme bezüglich den Themen Infotainment, Sicherheit und Wirtschaftlichkeit im Auto durchdacht, um im zweiten Schritt Lösungsvorschläge durch die Vernetzung im Auto zu generieren. Da das Hauptaugenmerk bei einem Design Thinking Prozess auf den Bedürfnissen des Kunden liegt, wurde der Prozess anhand eines idealtypischen Kunden und dessen Wünsche an das zukünftige Auto durchgeführt. Zusätzlich wurden aktuelle Trends in dem Mobilitätsverhalten der Zielgruppe untersucht. Beträchtlich ist dabei, dass in Zukunft immer weniger der Besitz eines Autos, als die Mobilität und die Nutzung im Vordergrund stehen. Durch die fortwährende Digitalisierung wird von den Kunden außerdem eine eingebaute Konnektivität erwartet, um auch im Auto auf die digitalen Dienste zugreifen zu können. Da der Zugriff auf z.b. soziale Medien als aktiver Fahrer ein erhebliches Sicherheitsrisiko darstellt, wurde das Konzept eines autonom fahrenden Autos eruiert. Autonome Fahrzeuge, welche untereinander und mit der Umwelt vernetzt sind, können z.b. mitunter staubildende Faktoren erkennen und eine kürzere, alternative Strecke wählen.

Der ausgearbeitete Entwurf des Connected Cars stellt somit die Konvergenz von Autonomen Fahren und kollektive Nutzung eines Fahrzeugs dar.

Weiter wurde überprüft, ob die Idee zu einer Innovation werden kann. Design Thinking definiert eine Innovation aus den Schnittstellen Mensch, Wirtschaftlichkeit und Machbarkeit. Im Design Thinking Prozess wurde die Wünschbarkeit der Kunden (Mensch) evaluiert. Die technischen Voraussetzungen wie z.B. eine ausreichend leistungsstarke Mobilfunkverbindung ist derzeit noch in Entwicklung. Beträchtlich ist, dass sich die Erlösmodelle bei dem vernetzten Auto verschieben werden. Nicht mehr der Verkauf eines Fahrzeugs, sondern die Services im Auto werden laut Prognosen vorrangig die gewinnbringenden Erlöse erzielen. Generell sind die Kunden bereit, einen Aufpreis für Konnektivität zu zahlen. Ein großes Potential stellen auch die generieren Daten für die Autohersteller, als auch für die Dienstanbieter dar. Mit ihnen ist eine individuelle Werbebereitstellung möglich. Durch die gewonnene Zeit, die der Nutzer nicht selber fahren muss, ist die Wahrscheinlichkeit deutlich erhöht, einen Onlinekauf zu tätigen. Das Auto entwickelt sich somit zu einer Marketing- und Commerce Plattform, was auch das Wettbewerbsumfeld verändert. Wo vorher Hersteller gegen Hersteller konkurrierten, stellen die neuen

Konkurrenten die Internetgiganten dar, die die Hoheit über die Daten erlangen möchten. Der Umgang mit diesen Daten stellt sowohl Autohersteller als auch Internetdienstleister vor neuen Herausforderungen, denn nur wenn die datenschutzrechtlichen Bestimmungen eingehalten werden, bietet sich hier eine neue Erlösquelle an. Ein gut geleiteter Datenschutz kann somit zum wichtigen Wettbewerbsvorteil werden. Damit die Autohersteller in Zukunft nicht vom Hersteller zum Zulieferer degradieren, welche nur die Plattform für die digitalen Geschäfte bietet, ist es wichtig, sich digital neu zu finden.

Anhang 1: Idealtypischer Kunde / Persona

Name der Persona: Timo Schiller

»Ich mag es praktisch, daheim steuere ich Fernsehen und Heizung über mein Smartphone, genauso bevorzuge ich Online Shopping «

Demografie
Alter: 28
Berufsbezeichnung: Projektleiter
Familienstand: Verheiratet
Kinder: 1 Kind
Wohnort: München

Motivation und Ziele

Was sind die größten Herausforderungen?
- Familienleben und Arbeit unter einen Hut zu bekommen

Welche Ziele besitzt die Persona?
- Mehr Zeit für seine Familie aufbringen
- Work-Life- Balance

Umfeld und Freizeit

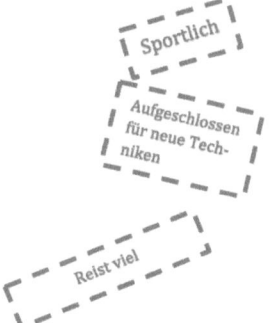

Sportlich

Aufgeschlossen für neue Techniken

Reist viel

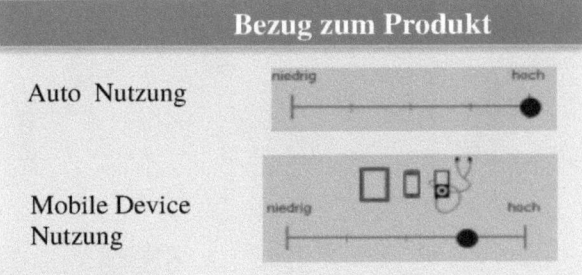

Bezug zum Produkt

Auto Nutzung — niedrig / hoch

Mobile Device Nutzung — niedrig / hoch

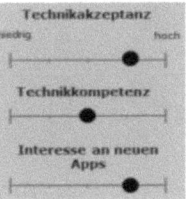

Technikakzeptanz — niedrig / hoch
Technikkompetenz
Interesse an neuen Apps

**Hintergrund
(fachlich, technologisch, produktbezogen)**

Welche Emotionen fallen der Persona bezüglich des Autos ein?

- **Zeitdruck, v.a. morgens im Stau**
- **Stress**
- **Ärger, bei roten Ampeln oder wenn man ein Verschleißteil kaputtgeht**

Zukünftige Ansprüche an das Connected Car:
- **Sollte Zeit sparen**
- **Sollte benutzerfreundlich sein**
- **Sollte sicher sein**

Anhang 2: Mindmap, Ideengenerierung

Zur Erläuterung: Die Dunkelblauen Felder stellen die aktuellen Probleme dar. Die gelben Felder zeigen Lösungen auf. Die hellgelben Felder stellen Schlussfolgerungen der gelben Felder dar. Die hellblau gestrichelten Linien bedeuten eine Verbindung zwischen den Elementen.

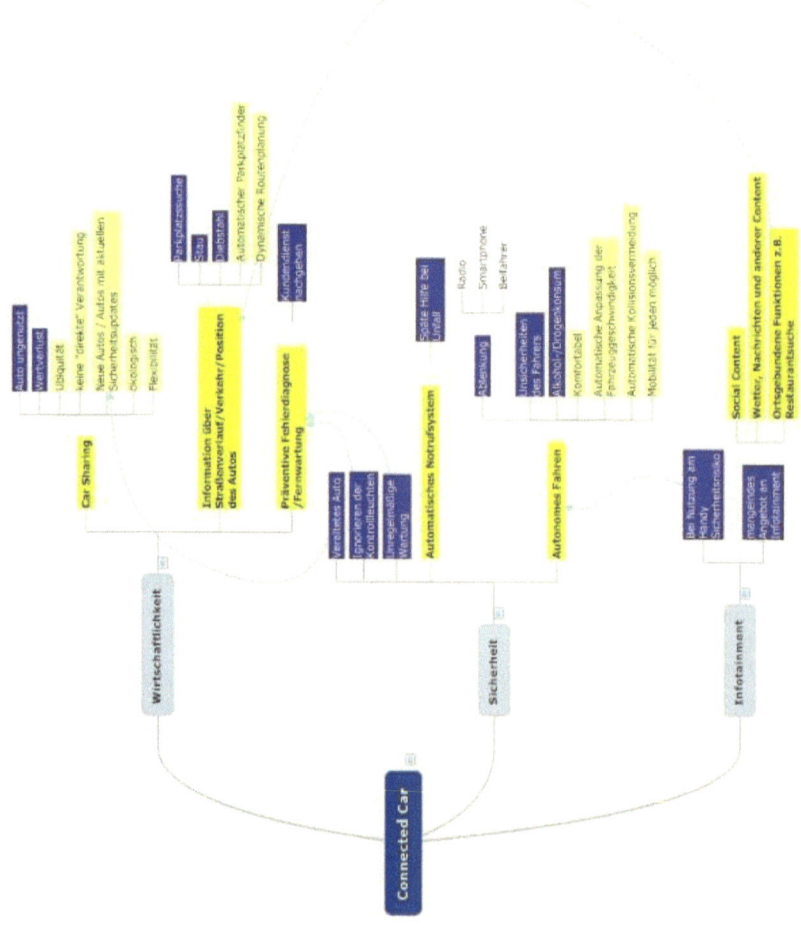

Nathalie Serban

Literaturverzeichnis

Bendel, Oliver (2017). *Definition » Sharing Economy « | Gabler Wirtschaftslexikon.* Online verfügbar unter http://wirtschaftslexikon.gabler.de/Definition/sharing-economy.html, zuletzt geprüft am 14.06.2017.

Brinkhoff, Sören (2015). *Prototypen testen – Design Thinking Part 4 › Mittwald Blog.* Online verfügbar unter https://www.mittwald.de/blog/arbeitsalltag/prototypen-testen-design-thinking-part-4, zuletzt geprüft am 13.06.2017.

Brown, T. (2009). *Change by Design. How Design Thinking Transforms Organizations and Inspires Innovation*, HarperCollins.

Creaffective (2016). *Prototyping im Design Thinking .* Online verfügbar unter https://www.creaffective.de/de/2017/01/prototyping-im-design-thinking/, zuletzt geprüft am 12.06.2017.

Computerwoche (2016). *Big Data im Auto: Connected Cars: Der Kampf um die Daten.* Online verfügbar unter https://www.computerwoche.de/a/connected-cars-der-kampf-um-die-daten,3221567, zuletzt geprüft am 13.06.2017.

Content Marketing Glossar (2017). *Storytelling – einfach erklärt.* Online verfügbar unter https://www.textbroker.de/storytelling, zuletzt geprüft am 12.06.2017.

Datenland Deutschland (2015). *Connected Car*, In: *Deloitte,* zuletzt geprüft am 10.06.2017.

Dirscherl Hans-Christian: *Alle Auto-Tests der PC-WELT auf einen Blick.* Online verfügbar unter https://www.pcwelt.de/ratgeber/Alle_Auto-Tests_der_PC-WELT_auf_einen_Blick-Musik__Film__Navigation__Sprachsteuerung__Telefonie__Internet__Apps-8237703.html, zuletzt geprüft am 13.06.2017.

Dressler, Joachim (2015). *Mit LTE zum vernetzten Auto.* VP Sales Emea bei Sierra Wireless Markus Kien; funkschau, Redaktion. Online verfügbar unter http://www.funkschau.de/telekommunikation/artikel/120027/, zuletzt aktualisiert am 28.05.2015, zuletzt geprüft am 13.06.2017.

Geschka, Horst & General, Sabine (2014): *Das offene Problemlösungsmodell (OPM).* Online verfügbar unter http://www.creajour.de/wissenswertes/artikeldesmonats/artikeldesmonatsjanuar07.html, zuletzt aktualisiert am 28.07.2014, zuletzt geprüft am 14.06.2017.

Nathalie Serban

Grots, Alexander; Pratschke, Margarete (2009): *Design Thinking — Kreativität als Methode.* In: *Mark Rev St. Gallen* 26 (2), S. 18–23. DOI: 10.1007/s11621-009-0027-4.

Gründerszene (2017). *Prototyping Definition.* Online verfügbar unter https://www.gruenderszene.de/lexikon/begriffe/prototyping, zuletzt geprüft am 12.06.2017.

Hasso-Plattner-Institut (2017): Was ist Design Thinking? Online verfügbar unter https://hpi-academy.de/design-thinking/was-ist-design-thinking.html, zuletzt aktualisiert am 29.05.2017, zuletzt geprüft am 02.06.2017.

Hegeler, Jens (2016): *Das Auto als innovativer Kunden-Touchpoint und rollender POS.* Online verfügbar unter http://dr-thede.com/connected-car-bvdw-whitepaper/, zuletzt geprüft am 14.06.2017.

HubSpot (2017). *Kostenlose Vorlage: Erstellen Sie Buyer-Personas für Ihr Unternehmen.* Online verfügbar unter https://offers.hubspot.de/kostenlose-vorlage-buyer-personas, zuletzt geprüft am 10.06.2017.

Jacobs Stefan (2016). *Handy-Nutzung Hauptgrund für 500 Tote im Verkehr.* Online verfügbar unter http://www.tagesspiegel.de/weltspiegel/smartphones-im-auto-handy-nutzung-hauptgrund-fuer-500-tote-im-verkehr/13941412.html, zuletzt geprüft am 04.06.2017.

Johanning, V.; Mildner, R.(2015). *Car IT kompakt. Das Auto der Zukunft – Vernetzt und autonom fahren,* Springer Fachmedien Wiesbaden.

Jungblut, Indra (2016). *Sharing is Caring – liegt die Zukunft im kollektiven Konsum? |* Urbanität. Online verfügbar unter https://reset.org/knowledge/sharing-caring-%E2%80%93-liegt-die-zukunft-im-kollektiven-konsum, zuletzt aktualisiert am 14.06.2017, zuletzt geprüft am 14.06.2017.

Karrierebibel (2017). *Mindmap erstellen: Tipps und Online Tools.* Online verfügbar unter http://karrierebibel.de/mindmap/, zuletzt geprüft am 05.06.2017.

Keuper, Frank; Hamidian, Kiumars; Verwaayen, Eric; Kalinowski, Torsten; Kraijo, Christian (2013). *Digitalisierung und Innovation. Planung - Entstehung - Entwicklungsperspektiven,* Springer Fachmedien Wiesbaden.

Kienbaum (2016): Connected Car Kienbaum-Studie 2016, zuletzt geprüft am 14.06.2017.

Nathalie Serban

Kolocek, Barbara (2015). *Diskussions_papier Connected Car*. Online Verfügbar unter: http://www.bvdw.org/presseserver/ConnectedCars/Finalversion_Diskussionspapier_Services_15.06.pdf zuletzt geprüft am 13.06.2017.

Konradin Medien GmbH; Leinfelden-Echterdingen (2017): Was ist Ubiquität? | wissen.de. Konradin Medien GmbH, Leinfelden-Echterdingen. Online verfügbar unter http://www.wissen.de/was-ist-ubiquitaet, zuletzt aktualisiert am 12.06.2017, zuletzt geprüft am 12.06.2017.

Kunstentschlossen (2017). *Design Thinking Workshops*. Online verfügbar unter http://www.kunstentschlossen.de/2017/01/24/disruption-in-delmenhorst/, zuletzt geprüft am 12.06.2017.

Lobacher Patrick (2016): *Innovationstreiber Design Thinking*. Online verfügbar unter https://www.informatik-aktuell.de/management-und-recht/projektmanagement/innovationstreiber-design-thinking.html, zuletzt geprüft am 14.06.2017.

Manage it (2017). *Verkehrsstaus verursachen Kosten von 69 Milliarden Euro – allein in Deutschland*. Online verfügbar unter http://ap-verlag.de/verkehrsstaus-verursachen-kosten-von-69-milliarden-euro-allein-in-deutschland/31311/, zuletzt geprüft am 04.06.2017.

McKinsey & Company (2015): *Wettlauf um den vernetzten Kunden – Überblick zu den Chancen aus Fahrzeugvernetzung und Automatisierung*, zuletzt geprüft am 12.06.2017.

Onpulson (2017). *Innovation*. Online verfügbar unter http://www.onpulson.de/lexikon/innovation/, zuletzt geprüft am 10.06.2017.

Pageflow (2017). *Connected Car - Mobilität der Zukunft*. Online verfügbar unter http://computerwoche.pageflow.io/connected-car#12873, zuletzt geprüft am 02.06.2017.

Prof. Dr. Richard Lackes: *Internet der Dinge*. Online verfügbar unter http://wirtschaftslexikon.gabler.de/Definition/internet-der-dinge.html, zuletzt geprüft am 14.06.2017.

Plattner Hasso, Meinel Christoph ,Weinberg Ulrich (2009). *Design Thinking. Innovation lernen, Ideenwelten öffnen*, mi.

Posch, Kristin (2015). *AUTO BILD Marktbarometer 2015: Connected Car-Ausstattung für Autokäufer immer wichtiger*. Hg. v. Axel Springer. Online verfügbar unter http://www.axelspringer.de/presse/AUTO-BILD-Marktbarometer-2015-Connected-Car-Ausstattung-fuer-Autokaeufer-immer-wichtiger_22815663.html, zuletzt geprüft am 10.06.2017.

Nathalie Serban

Proff, Heike (2015). *Entscheidungen beim Übergang in die Elektromobilität. Technische und betriebswirtschaftliche Aspekte*, Springer Fachmedien Wiesbaden.

Schallmo, Daniel R.A. (2017). *Design Thinking erfolgreich anwenden. So entwickeln Sie in 7 Phasen kundenorientierte Produkte und Dienstleistungen*, Springer Fachmedien Wiesbaden.

Vetter, Martin (2011). *Praktiken des Prototyping im Innovationsprozess von Start-up-Unternehmen*, Gabler Verlag.

Wiele, Inga (2016). *Design Thinking in 10 Schritten*. Online verfügbar unter https://enorm-magazin.de/design-thinking-10-schritten, zuletzt geprüft am 04.06.2017.

Nathalie Serban

BEI GRIN MACHT SICH IHR WISSEN BEZAHLT

- Wir veröffentlichen Ihre Hausarbeit,
  Bachelor- und Masterarbeit

- Ihr eigenes eBook und Buch -
  weltweit in allen wichtigen Shops

- Verdienen Sie an jedem Verkauf

Jetzt bei www.GRIN.com hochladen und kostenlos publizieren